हलचल

मन की अभिव्यक्ति

गरिमा गौरव

BookLeaf Publishing
India | USA | UK

Made with ❤ on the BookLeaf Publishing Platform
www.bookleafpub.in
www.bookleafpub.com

Dedication

यह किताब मैं उन सारी महिलाओं को समर्पित करती हूँ। जिन्होंने अपनी जिम्मेदारियों को पूरा करते हुए अपने सपने को जीवित रखा और उसे पूरा करने के लिए हमेशा प्रयासरत रही ।

Preface

घर के सभी कार्यों से निवृत्त होकर जब भी मैं एकांत में बैठती थी
तो कई विचार मन में उमड़ने लगते थे
जिसे मैं लोगों के सामने अभिव्यक्त नहीं कर पाती थी।
तभी उन विचारों को शब्दों के जरिए कविताओं में पिरोना शुरू किया
और अपनी बातों को बिना झिझक लिखना शुरू किया।
इससे मुझे खुशी, दृढ़ता और आत्मविश्वास की अनुभूति हुई।
इस तरह मेरी कविताओं की यात्रा शुरू हुई, जो आज आप सभी के
सामने है।

गरिमा गौरव
{पुत्री - श्रीमती ममता कुमारी
श्री कौशिक परमार्थी }

Acknowledgements

जैसे जिन्दगी अपने लोगों के बिना अधूरी होती है, वैसे ही लेखन चाहे कविता हो या कहानियां, लोगों के बिना अधुरी है।
हर एक किताब के पीछे कई लोग होते है, जो उसे प्रकाशित होने से लेकर वितरण तक महत्वपूर्ण भूमिका निभाते हैं।
मैं भी अपनी किताब हलचल के लिए उन सारे लोगों शुक्रिया अदा करती हूँ जो मेरी इस यात्रा में प्रत्यक्ष या अप्रत्यक्ष रूप से शामिल रहे।

मैं उस असीम शक्ति के मालिक अपने परमेश्वर का धन्यवाद करती है। जिनका साथ हमेशा मेरे जीवन में रहा।
मेरे दादा जी 'श्री रामायण सिंह जो स्वयं भोजपुरी भाषा के किताबों के लेखक रहे हैं, जिनसे मुझे लिखने की प्रेरणा मिली।
मेरे माता-पिता जिनका आशीर्वाद हमेशा मेरे साथ रहा।
मेरे पति श्री गौतम कुमार, जो मेरी कविताओं के सबसे बड़े आलोचक है, जिनसे तारीफ की उम्मीद में मैं और बेहतर लिखने की कोशिश करती है।

मेरी छोटी बहन महिमा गौरव जो मेरी हर कविता की पहली श्रोता है, जिसे अपनी कविताओं को सुनाने के बाद कई बार उसकी पंक्तियाँ बदलनी पड़ती है।
मेरा भाई (अभिनव अशेष, भाभी (प्रिया, जो हर वक्त मुझे कुछ अच्छा लिखने को प्रेरित करते हैं।
मेरी बेटी आरोही मिश्रा, जो बड़े ही हर्ष के साथ मेरी कविताओं को सुनती है और फिर अपनी प्यारी सी आवाज में दोहराती है।

Bookleaf publishing जिन्होंने मुझे मंच दिया जिससे मैं अपनी कविताओं को लोगों तक पहुंचा सकी।
और सबसे अंत में लेकिन सबसे महत्वपूर्ण उन सभी पाठकों का जिन्होंने इस किताब और इन कविताओं को पढ़ा ।

1. उम्मीद की खिड़की

हर शाम वो खिड़कियों पर बैठा करती थी
दिल में उम्मीद होठों पर मुस्कान रखा करती थी
उसकी आंखें न जाने किसे ढूंढा करती थी
परदों में छिपकर किसी की राह देखा करती थी
बेबसी इतनी, शायद किसी से कुछ कहना चाहती थी
दिल में छिपे हर राज वो खोलना चाहती थी
शायद उस कमरे से निकलकर
अपने घर को जाना चाहती थी
अपनी गलतियों के लिए
सबसे माफी मांगना चाहती थी
अपने लोगों के बीच फिर से जीना चाहती थी
बंद कमरे से निकलकर
खुले आकाश में उड़ना चाहती थी
लोगों के लिए नहीं अब खुद के लिए
खिड़की खोलना चाहती थी
फिर से एक बार मुक्त पंछी बन
गगन को चूमना चाहती थी।

1. हिन्दुस्तान जरूरी है

जमाखोरियों पर राजा की ,एक प्रहार जरूरी है
नशामुक्त अभियानों की भी ,और रफ्तार जरूरी है
दुर्व्यवहार करने वालों ,को फटकार जरूरी है
अनाचार फैलाने वालों ,का संहार जरूरी है
जल चुकी इस धरती को ,अब राग मल्हार जरूरी है
देश के वीर शहीदों का ,हर पल सत्कार जरूरी है
सच्चाई में सराबोर ,हर एक अखबार जरूरी है.
साहस का चोला पहने, अब पत्रकार जरूरी है
युवाओं में वीर भगत सिंह ,सा दिलदार जरूरी है
बोस के जैसा अब राष्ट्र में ,कई किरदार जरूरी है
नेताओं की नीतियों पर ,अब प्रतिवाद जरूरी है
संसद में नारी की अब तो ,एक ललकार जरूरी है,
देश की सारी जनता में भी ,अब हुंकार जरूरी है
धर्म आलोचन बहुत हो गया ,हिन्दुस्तान जरूरी है।।

2. बचपन की यादें

थैला फेंक हम सरपट भागे ।
मैदान में साथी देखें राहें ।।
बैठे रहते पलक बिछाए।
देर होने पर आंख दिखाए ॥
सब के लब पर स्कूल की बातें ।
हंसी ठिठोली मुक्के लाते ॥
आंख घुमाके मुंह बिचकाते ।
करके इशारे सबको को चिढ़ाते ॥
चाचा जी भी खूब गरमाते ।
लेकर लठ फिर हमें दौड़ाते ॥
शाम होते सब घर को आते ।
लालटेन में आंख गड़ाते
पढ़ के जब हम सोने जाते ।
मां के आंचल में छिप जाते ॥
कहां गयी वो बिसरी बातें
छूटा बचपन रह गयी यादें ॥

2. नज़र

हर नजर ही देखे मुझको यूं,
नजरों से जिस्मों को ले छू ।
चेहरे पर तिरछी एक मुस्कान,
भेदे मन के इस आर उस पार ॥
फिर शराफत का चोला पहने,
प्रतिपल करते रहते सवाल ।
एक बार जो ढूंढे खुद को वो,
अस्तित्व भी उनका करे सवाल ॥
मेरी चुप्पी को कमजोर समझ के,
खुद में खुद को मत करो सलाम ।
एक तुच्छ तृष्णा मन में लिए,
मेरे सपने मत करो खराब।।
है अगर हौसला मन में तेरे,
मुझसे पूछो प्रत्यक्ष सवाल ।
तब उलझ के रह जाओगे हर,
उत्तर पर होगा एक सवाल ।।
मन की अभिव्यक्ति साथ लिए,
चलती जाऊ मैं बारंबार ।
अब रोक सके तो रोक ले तू,
रख ले चाहे कितने बटवार ॥

3. खिड़की

हर खिड़की कुछ कहती है

कुछ उम्मीदें तो कुछ एहसास ढूंढती है
कुछ मंजिले तो कुछ आकाश ढूंढती है
कुछ अँधेरा तो कुछ प्रकाश ढूंढती है

हर खिड़की कुछ कहती है।

कुछ कहानियाँ तो कुछ कविताएं बुनती है
कुछ तारीफें तो कुछ शिकायतें चुनती है.
कुछ अकेलापन कुछ लोगों की बहुतायते ढूंढती है

हर खिड़की कुछ कहती है।

कुछ जिन्दगी कुछ मौत की गवाह बनती है
कुछ खूबसूरत यादों की प्रवाह बनती है
कुछ आशिकों के मिलने की राह बनती है

हर खिड़की कुछ कहती है।

कुछ मोहल्ले की बातें सुनती है
कुछ ख्वाबेकायनात बुनती है
कुछ सवालों के जवाब ढूंढती है

हर खिड़की कुछ कहती है।

खुद से खुद की पहचान ढूंढती है
कहानी अपनी सबसे बयान करती है
लोगों से आते जाते सवाल करती है

हर खिड़की कुछ कहती है।

3. वक्त

वो वक्त पर ही है अड़ी...
और वक्त से पहले चली...
वो वक्त से भी सख्त है...
और साथ उसके वक्त है...
हर वक्त उसका खास है...
हर वक्त उसकी बात है...
उस वक्त को सलाम है...
जब भर्ती वो उड़ान है..
उस वक्त को भी है नमन...
जब बांधे सिर पर वो कफन...
वो वक्त की पहचान है...
जब छूती आसमान है...
वो वक्त की पाबंद है...
पर फिर भी नज़रबंद है...
ये वक्त उसका थाम ले...
कुछ तू भी उसे जान ले..
क्या उसके पास वक्त है..
की खुद पर थोडा घ्यान दे...
ये वक्त तो है बेरहम...
पर कर दे थोडा तू रहम...

कुछ वक्त उसके साथ रह...
थोड़े कांधे पर भी हाथ रख...
उस वक्त पिघल जाएगी...
तब बात कुछ बताएगी...
अब वक्त की इस दौड़ में...
कहीं तू ना जाए छोड़ के...
फिर वक्त ना मिल पाएगा...
फिर दिल भी ना लग पाएगा...
जो वक्त है उसे खुल के जी...
बचा ले अपनी जिंदगी।।

4. नारी

अपने दिल की आवाज़ सुनो...
अपने सपनों को अपनी तरह से बुनो........
अपने रास्ते पर तुम अड़िग रहो...
अपनी मंज़िल की तरफ बढ़ती रहो...
अपने पंखों को आज़ाद करो...
नित नए पैगाम लिखो...
वक्त की पाबंद रहो...
सफलता को अपनी मुट्ठी में बंद करो...
ऊंचाई की तरफ अग्रसर रहो...
मगर ज़मीन के साथ तुम अक्सर रहो...
फिर देखो ये दुनिया तुम्हारी है...
पूरी नहीं अभी और कहानी बाकी है...
क्योंकि तुम ही इस धरती का आधार हो...
मातृ शब्द को देती तुम आकार हो...
तुम कमजोर नहीं दुर्गा का रूप हो...
कभी छांव तो कभी धूप हो...
तुम सशक्त हो तुम आदि हो...
पहचानों खुद को तुम नारी हो..
तुम नारी हो...
तुम नारी हो.

4. लुब्धक

बदकिस्मती से लुब्धक की नजर
मुझ पर आकर टिकी।
सरेआम बाजार में, महज दस हजार में बिकी।।
दस हजार में बेच कर ,सब करने लगे ठिठोली।
एक से बढ़कर एक सब ,लगा रहे थे बोली ।।
लगा रहे थे बोली, हर उमर था प्यासा ।
लाए थे लड़की को सब ,देकर झांसा ॥
सबने देकर झांसा, हर लड़की था फांसा।
प्रशासन सोती रही, सबको देकर आशा ॥
दिया सबको आश्वासन, लड़की घर आएगी।
हर मुजरिम को खींचकर, घर से लाएगी ॥
पकड़ सके ना मुजरिम, ना ही लड़की आई।
फटे हुए बस कपडे, एक थैले में लाई ।।
हाथ देख कर थैला, फिर हर जन गरमाया।
मुजरिम से फिर हार कर ,प्रशासन आया ।।
हार गयी प्रशासन, लड़की खो गई थी ।
कुछ दिनों के बाद, भीड़ भी सो गई थी।
सो गई थी भीड़, अपने रो रहे है।
आए दिन माँ बाप, लड़की खो रहे हैं।।।

5. गुमसुम आवाज़

कोहरे में सड़क किनारे एक छोटी लड़की सो रही थी ।
पास जाकर देखा तो वो सुबक सुबक के रो रही थी ॥
जाने कौन उसे इस हाल में छोड़ गया ।
इतनी प्यारी बच्ची से अपना मुंह यू मोड़ गया ।।
मुझे देखते ही थोड़ा वो पास आयी।
कुछ खाने को है बड़े धीमे स्वर में बोल पायी ।।
शायद कुछ दिन हो गये थे उसे खाये हुए ।
सड़क किनारे उसे दिन बिताये हुए ।।
घर पूछने पर वो थोड़ी डर सी गयी ।
खाते खाते वो थोड़ी ठहर सी गयी ॥
इससे पहले की वो कुछ बोल पाती ।
आँखो से गिरते आसुओं को रोक पाती ॥
उसके ज़ख्म उसके दिल का हाल बयान कर रहे थे ।
इंसान की इंसानियत से सवाल नया कर रहे थे ॥
क्या सच में कलयुग की यही पहचान है।
इस बच्ची के हालात से सब इतने अनजान है ॥
कितनी ही गाड़िया इस सड़क से गुजरी होंगी।
कुछ चलती गयी होगी तो कुछ रूकी होंगी ।।
क्या किसी की भी नजर इस बच्ची पर नहीं पड़ी।
दो रातों से वो यहीं ठंड में ठिठुरती रही ।।

ना जाने हवाओं के कितने थपेड़े सहे होंगे।
कितने राहगीरों से उसने हाथ जोड़े होंगे ।।
आखिर में मायूस होकर वो सड़क पर ही सो रही थी।
लोगों की अनदेखी से ही वो सुबक सुबक कर रो रही थी ।।
आज फिर एक बार ये सड़क एक सवाल बन कर रह गयी।
ठंड में ठिठुरती बच्ची एक गुमसुम आवाज बन कर रह गयी।।

5. कब आओगे

आंखो को उम्मीद थी वो खास है
दिल को उम्मीद थी वो पास है
चाहे कितनी भी दिल्लगी कर ले वो कही
हरदम मुझे उसके लौटने की आस है।।
मैं उसकी जमीं और वो मेरा आकाश है।
मैं उसकी जज़्बात और वो मेरा एहसास है।
मुश्किलें कितनी भी हो उसके वापस आने में
फिर भी मुझे उसके लौटने की आस है।।
मेरी काया में उसके अक्स का वास है
उसकी धड़कनों के साथ चलती मेरी सांस है।
नाराजगी से वफ़ा करके कहीं गुम हो गया है वो
बड़ी शिद्दत से मुझे उसके लौटने की आस है।।
उसके ना होने पर भी उसके होने का आभास है
दिल को तसल्ली और नजरो को उसकी तलाश है।
उसकी ज़िद कहीं दूर खड़ी है उसके साथ
मेरी ज़िद को भी उसके लौटने की आस है।।

6. इश्क रंग और गुलाल

है हाथ तुम्हारे आज गुलाल..
रंग दो ना पिया तुम मुझको आज...
चाहे हरा रंगो या केसरिया...
बस तन को भीगो दो रंग दो गाल

लू लट को अपने जरा संभाल...
चुनरी को अपने कमर से बांध...
मैं तुझे रंगू तू मुझे रंगे...
हो इतनी पिचकारी की धार

मै राधा बनूं तू नन्द का लाल...
तेरे रंग में रंगू मैं फिर एक बार....
ढूंढे मुझको ले प्रीत की डोर...
और इश्क का रंग हो लाल ही लाल ।।

6. मुंह दिखाई

भाग कर दफ्तर से आई, मुंह था दिखाना ।
वर पक्ष के सामने था,सज धज कर जाना।।
सज धज कर चाय लेकर ,लगी जब परोसने ।
शुरू हो गए दनादन ,सवाल मुझसे पूछने।।
कितना कमाती हो,ज़रा खुल कर बताओ।
पद के बारे में ,थोड़ा हमें भी समझाओ।।
शुरु किया था जैसे ,उनको ये बताना।
इतने में ही टपक, पड़े लड़के के मामा।।
मामा थे शौकीन ,खाना बनाने के ।
चूके नहीं मिनट भर ,मुझे ये जताने में।।
थमा दिए मुझे पर्ची, कई मिठाइयों की ।
जरुरत थी उनको ,एक रसोइये की ॥
चाचा जी भी उनके ,थे हिन्दी के अध्यापक ।
चाहते हर क्षेत्र में, ज्ञान मुझसे व्यापक ।।
फुफा जी भी बीच में, करने लगे बखान।
क्या मिला दहेज में, शुरू किए गुणगान।।
बातें उनकी सुनकर ,हो गया आभास ।
बिन दहेज की शादी पर, नहीं बढ़ेगी बात।।
बातें कर दहेज की, होने लगे सब चौड़े ।
गाड़ी पैसे गहने सबने ,एक एक करके जोड़े।।

जोड़ सुनकर उनकी, आ रही थी हंसी ।
शादी के चक्कर में मैं ,बेवजह ही फंसी।।
इससे अच्छा मैं तो ,बिन ब्याही रह जाऊं।
पढ़े लिखो की भीड़ में ,अपना परचम लहराऊँ।।

7. वो लड़का

हर सुबह ये ख्याल आता है।
मन में उठते ही ये सवाल आता है
क्यों आता है हर रोज वो मेरे पीछे
बढ़ते कदम करके आंखे वो नीचे
देखने में था वो भोला भाला
पैरों में पजामा और ऊपर उसने कुर्ता था डाला
मायूसी से भरा वो पात्र था
शायद मेरे कॉलेज का ही छात्र था
नज़रों से कुछ बोलना चाहता था
मेरे मन को टटोलना चाहता था
रहम खा कर कॉलेज के बाहर ही रुक गई
क्या काम है मुझसे ये उसी से पूछ गई
मुस्कुरा कर बोला दीदी मैं यहाँ चाय बेचता हूँ
एक महीने से आपके घर के पीछे ही रहता हूँ।

8. हमसफ़र

पहली बार हमने दिल पर अपने हाथ रखा है
किसी को ना पसंद फिर भी तुम्हारा साथ रखा है
सफर में हमसफर ना छोड़ना मुझको अकेले तुम
बड़ी शिद्दत से दिल अपना तुम्हारे पास रखा है ।
तुम्हारे दिल को कुछ ऐसे ज़रा संभाल रखा है
अपनी जान से ज्यादा भी उसका ख्याल रखा है
आए जो तुफान फिर कभी राहों में अब मेरे
तुम्हारे दिल पर इस दिल का कवच अब डाल रखा है।
भरोसा है भरोसे पर भरोसा तोड़ ना देना,
कभी भी राह में अपना कदम तुम मोड़ ना देना
अगर टूटा जो दिल अपना मोहब्बत के सफर में जो,
हमें तुम इस भरोसे के भरोसे छोड़ ना देना ।
भरोसा है हमें तुम पर, भरोसा तुम जो करती हो
कभी आती निकट मेरे, कभी तुम दूर रहती हो
ना तोड़ेंगा भरोसा ये अगर तुम मान लो जानम
मोहब्बत हम भी करते हैं, मोहब्बत तुम भी करती हो ।

9. एक शाम

सुहाना सफर था जब हम साथ थे
कभी तुम पास थे कभी हम पास थे
वो चुपके से हाथों का टकरा जाना
और हौले से होठों का मुस्कुराना
जो एक बार होता संभल जाती मैं
हर शाम की तरह निकल जाती मैं
पर नजरों ने तेरी ही पकड़ा मुझे
छुपा ना सकी कैसे कहती तुझे
वो निश्चल सा मन था जो था आईना
क्या होता अगर मैं तुझे भाई ना
ये डर था जो मुझको ही रोक रहा
ये दिल है जो तुमसे ये रो कर कहा
अगर तुम ना होते ना होती ये शाम
इस दिल पर तुम्हारा भी होता ना नाम
बनी तेरी राधा ये जाने बिना
क्या बन पाएगा तू कभी मेरा श्याम।।

10. सुबह की चाय

हर सुबह बहुत खास होती है
जब भी वो मेरे पास होती है
सर्द हवाएं कहीं दूर छिटक जाती है
जब भी वो मेरे निकट आती है
कमरे की खामोशी कहीं गुम हो जाती है
जब भी वो लबों के समीप आती है
खूशबु उसकी सांसों में बस जाती है
तन बदन में कोहराम मचा जाती है
हाय, मेरी सुबह की चाय
बिन कहे पूरा मूड बना जाती है।

11. बेटी पढ़ाओ बेटी बचाओ

बेटी पढ़ाओ बेटी बचाओ
महज एक नारा है
मगर बेटी को पढ़ाना
कर्तव्य हमारा है।
बेटी को बचाओ
भविष्य का वहीं सहारा है
कल वही तुम्हें बचाएगी
आज जिसको तुमने मारा है।
बचपन में जिसे नाजों से पाला है
शादी करके उसे किसी और घर जाना है।
बेटियां पराया धन है
हर घर ने इसे माना है
ससुराल ही है घर उसका
ये सोच कर सदियों से संभाला है
क्या सफेद क्या काला
ये उसने कभी नहीं जाना है
हर हाल में उसे बस
अंधेरे को करना उजाला है
उसकी ख्वाहिशों की डोरी को
किसी और ने थामा है

ख्वाहिशें उसकी अपनी है
ये बात भी उसे समझाना है
मुख्तसर सी जिंदगी में अभी
बहुत दूर उसे जाना है
खुद की जिंदगी पर
अब बस उसे ही हक जताना है
अपनी ताकत को
हर क्षेत्र में आजमाना है
किसी और का नहीं
ये तुम्हारा ही जमाना है।
बेटियां पराया धन नहीं'
हर घर का खजाना है
दुनिया की नजरों को बस
यहीं बदलाव लाना है

12. सड़क

सड़क की एक अलग कहानी होती है

कही अकेली तो कहीं भीड़ भारी होती है
कहीं सन्नाटा तो कहीं हर पल बम बारी होती है
कहीं फुकरेबाजी तो कहीं रोज शायरी होती है

सड़क की एक अलग ही कहानी होती है।

कहीं सब्जियों की रेहड़ी तो कहीं बैठी मालिन होती है
किसी की प्रसिद्धि तो किसी के जुर्म में शामिल होती है
समतल रेगिस्तान पहाड़ो में भी रहने के काबिल होती है

सड़क की एक अलग ही कहानी होती है।

टूटे सड़कों की मरम्मत अक्सर जारी रहती है
सुने पड़े गड्ढों की हर रोज पहरेदारी रहती है
फिर भी अक्सर हादसों में इनकी भागीदारी रहती है

सड़क की एक अलग कहानी होती है।

कहीं जिन्दगी की सरपट दौड़ तो
कहीं शांत जिन्दगानी होती है
किसी किनारे कीर्तन तो कहीं किताबों की कहानी होती है
कहीं ईमानदारी तो कहीं लोगों से बेइमानी होती है।

सड़क की एक अलग कहानी होती है।

कुछ सरकार की मेहरबानी तो कुछ प्यार की निशानी होती है
कहीं बुढ़ापे की मार तो कहीं बिगड़ी जवानी होती है,
हर सड़क पर जिन्दगी कुछ इस तरह से रवानी होती है
जहाँ कीमत बस सड़क को चुकानी होती है।

हर सड़क की एक अलग ही कहानी होती है।

13. पति और पार्टी

पार्टी में जाने को जैसे हुई तैयार ।
खांस खांस कर ऊपर आए, पति हो गए बीमार।।
पति हो गए बीमार, चद्दर मुंह तक ताने ।
है आज खाने में क्या, लगे मारने ताने।।
लगे मारने ताने, सिर मेरा गरमाया ।
देख के उनको चार लिपिस्टिक और लगाया ॥
मूड देखकर मेरा, वो चद्दर से झांके।
बोल सके ना कुछ भी , पहले मौसम भांपे॥
भांप चुके थे मौसम, बोले कुछ नहीं खाना।
हो जाओ तैयार, तुम्हें है पार्टी जाना ।।
हो गई तैयार, घर से हुई रवाना ।
पहुंची थोडी लेट, खत्म हो गया खाना ।।
खत्म हो गया खाना, घर को वापस आयी ।
बड़े प्यार से पूछे, बोलो क्या क्या खायी।।
नहीं चखी मैं खाना, इतनी याद तुम्हारी आई ।
रबड़ी गर्म जलेबियाँ , ना मेरे मन को भाई ॥
भाप सके ना मन वो मेरा, इतना था भरमाना ।
आगे पीछे देखकर, करने लगी बहाना ।।
करने लगी बहाना, पूछी क्या है खाना ।
नहीं छोड़कर तुम्हें, कभी है पार्टी जाना ।।

14. नादान दिल

नादान दिल कभी मिलते नहीं...
मिलते हैं तो खिलते नहीं....
जो खिल कर मिले वो नादान नहीं...
एक दूसरे के प्यार से अंजान नहीं...
फर्क बस प्यार जताने की है...
एक रिश्ते के ऊपर दूसरा निभाने की है...
थोड़ी बातें दिल को समझाने की है...
थोड़ी अपनी जुबान पर लाने की है..
दिल की बातों को दिल तक पहुंचाने की है..
ता उम्र उससे प्यार निभाने की है..
फिर भी ना समझे तो दिल नादान ही है...
प्यार कितना भी हो मगर वो अंजान ही है।।

15. सूना आंगन

सूना पड़ा है आंगन, कई बरस बीत गये।
हरियाली देखे बिना ये नैन तरस गये ।।
अब तो काले बादल भी मुंह मोड़ लेते है।
लोग भी दूर से ही हाथ जोड़ लेते हैं।।
मौसम का मिज़ाज भी कुछ बदला-बदला सा लगता है।
अपने बेगाने और बेगाना अपना सा लगता है।।
चौराहे पर लोगों का जमावड़ा लगा रहता है।
मगर आंगन कहीं दूर अकेला खड़ा रहता है।।
लोगों की मायूस नजर से मन घबराता है ।
दरवाजे पर अब बस सन्नाटा ही खटखटाता है। ।
सन्नाटा भी अब चीख चीख कर चिल्लाता है।
बस तुम्हारे होने का एहसास ही दिल को सुकून दिलाता है।।
लौट आओ अपने घर अब ,ये मन बस यही गिड़गिड़ाता है।
सूना पड़ा आंगन फिर से हरियाली चाहता है।।

www.ingramcontent.com/pod-product-compliance
Lightning Source LLC
Chambersburg PA
CBHW070653240926
51846CB00003BA/900
* 9 7 8 9 3 7 5 2 7 2 8 8 5 *